OKINAWA
オキナワノスタルジックストリート
NOSTALGIC STREET

ぎすじみち　写真・文

ボーダーインク

地下のような地上のような景色に一歩踏み入ればラビリンス。

商

何層にも重なってはがれて薄まって、時間がゆっくり描いた壁画。

14-35

看板風景は一期一会。迷わなければ二度と会えなかった。

はじめに

昔なじみの通りを久しぶりに訪れてみると、そこに何が建っていたのか忘れてしまった空き地はパーキングになり、目新しいコンビニや高層マンションがそびえたち、あの頃の面影がだんだん薄まっていくことに心細くなったりします。記憶の風景がずっと変わらないでいてほしいと願いつつ、時代の中で新陳代謝をくりかえしていくのもまた街の進化なのだと心のどこかで思いながら…（実際に便利なその恩恵を受けていたりするわけで）。今この時代に暮らす子どもたちにとっての数十年後のノスタルジックな風景になっていくのでしょう。

日々変化していく街の景色の中、長い時を重ねて存在する建物や直書きの味わいある看板に思いがけず出会ったらまずはじっくり眺め、そして大切な宝物を見つけたような気持ちでカメラのシャッターボタンを押すのです。ノスタルジックだけどどこか面白い、そんな景色が集まってギュッと濃縮された本になりました。最初からでも途中からでも、お好きなページからめくってお楽しみください。

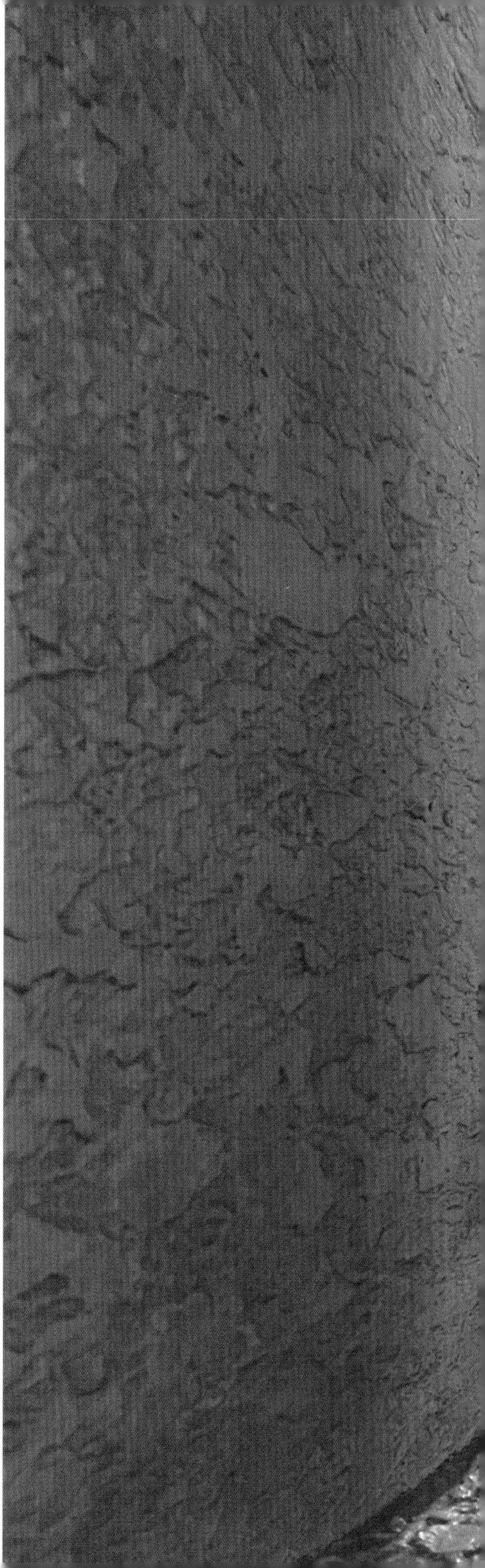

Contents

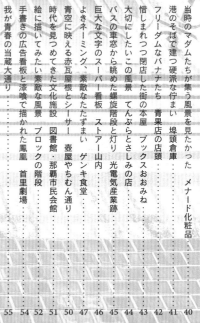

街で見つけたお気に入りのものたち

第三章　北部編

第四章　南部・離島編

第五章　街で見かけた個性的な看板たち

My Favorite
私のお気に入り

Landscape of memories

【凡例】

本書に収録された写真は1990年代から2023年に撮影されており、現存しない建造物の写真も含まれる。

プライバシー保護の観点から一部画像を加工したものもある。

帯写真:チャンピオン（うるま市）、「はじめに」写真:珈琲茶館インシャラー（那覇市）

WELCOME AGAIN

NOSTALGIC

OLD BUILDINGS, SIGNBOARDS
FAVORITE THINGS AND MEMORIES

OKINAWA

ノスタルジックな旅へようこそ

街が在るところに通りが交差し、通りをゆけばそこに看板風景あり。歩いているとハッと立ち止まるフォトジェニックな場所との出会いもまた一期一会なので、たとえ一度通り過ぎてもまた道を戻るのです。街は日々便利に整然と変化していくけれど、その狭間にある「街の記憶を残し続ける風景」や「時を重ねた看板の味わい」が存在する限り、毎日がちょっと面白い視点から楽しめると思います。皆で共感できればなお楽し。

さぁ、ノスタルジックストリートの扉が開きます。

国際通りのてんぶす館の場所にあった国際ショッピングセンターの風景。館内には書店、レストラン、ブティック、ゲームセンター、雑貨屋、お土産品店などの店舗が入っていました。キーホルダーや扇子、琉球人形などお土産の品々にも時代を感じます。1990 年代半ば頃。

第一章 那覇編

生まれ育った那覇の路地裏を歩くと「今もまだあったのね」という場所に出くわして昔の記憶と再会できるのが楽しい。意外と今まで歩いたことのなかった通りで「実はこの道に繋がっていたとは」と、ロールプレイングゲームの地図のように広がっていくのもしみじみと嬉しいものです。那覇タワーを別の角度から撮ってみたり、フィルムで撮った写真は当時の思い出までよみがえってくる記憶装置です。めまぐるしく変化している街だけど、今も変わらない場所、もうなくなってしまった風景を記憶をたどりながら集めてみました。

ローズルーム　那覇市

ローズルームの店内ではたくさんのノスタルジックなものたちに囲まれて静かに自分の時間を楽しむお客さんが多く、訪れるたびに時を忘れてゆっくり過ごしたくなる喫茶店です。壁にはびっしり貼られたポスターやチラシ、つりさがるランプ…オレンジ色の光が照らす２階への階段を初めて登った時は少し大人になった気持ちがしました。

自分だけの時間をゆっくり楽しめる喫茶店

見上げればせつない瞳

希望ヶ丘公園ちかくの民家　那覇市・1990 年代撮影

希望ヶ丘公園から花笠食堂に抜ける階段を降りていると、木造家屋の窓から２匹の犬が顔を出してこっちを見下ろしていて、その切ない眼差しに目を奪われました。よく見ると扇風機のカバーを窓にはさんで柵がわりにしているところもますます切なくて、映画のワンシーンのように目に焼き付いています。

ゑびす通り　那覇市

浮島通りから平和通りに抜ける「ゑびす通り」。変色した古いアーケードと懐かしい柄の入ったトタンは今でも雨風をしのいでくれるし、通りの両側の建物をつなぐ木材は頑丈に組まれているように見えます。昔は生地や服飾関連の店が多い印象でしたが、今は飲食店もだいぶ増えました。光沢のあるタイル床もこの通りの特徴ですね。

木造とトタンのアーケードのたくましさ

美しい木造二階建て

守藝堂　　那覇市

浮島通りでよく見かけた赤瓦屋根の木造2階建て。その中の一軒「守藝堂」の看板には“舞踊小道具　民芸品”と書かれているように見えます。隣には額縁と掛軸の店、左奥に見える国際通り沿いの“モルビービル”は今も健在。1990年代半ば頃、一眼レフカメラにモノクロフィルムで撮影しました。

炊飯器と猫が立ち話

浮島通りの路地裏　那覇市・1990年代撮影

今はお洒落な店が並んでいる浮島通りから公設市場向けの路地。この頃ですでにレトロな存在だった花柄の炊飯器がそのまま捨てられていて、時代の移り変わりを感じます。猫の写真を撮ったつもりが意図せずに当時の街並みまで写り込んでいて、後から見ると懐かしい貴重な記録になりました。

三越と那覇タワーと希望ヶ丘公園

牧志界隈の風景　那覇市

希望ヶ丘公園の方向から撮った那覇タワーと三越。下の写真は浮島通り沿いの高い建物から見た市場方面です。中央の緑地が希望ヶ丘公園で、左端に三越が写っています。向こうに見える那覇新都心はまだ緑が茂っていて、あの場所に高層マンションが建つなんて当時は思いもよらなかったです。

パラソルの下で読書もできた

パラソル通り　那覇市

ありし日のパラソル通りには「みんなのほんだな」という名物コーナーと大きな黒板があり、イベントなどの情報も書かれていました。ルールを守りながら誰でも自由に本が読めるなんて素敵ですよね。こういう憩いの場所がまた戻ってきたらいいのにと思います。解体前のテント地が剥がれたパラソルがキノコっぽくも見えました。

子供の頃のちょっと怖かった思い出

グランドオリオン通り　那覇市

かつて大きな映画館「グランドオリオン」があった、その名もグランドオリオン通り。喫茶店の名前にもその名残が残っています。小学生の頃通っていた歯科医院が通り沿いにあって、すぐ叱る先生が怖すぎて足取り重く通っていたのを思いだします。いまでも診察室の天井の模様まで覚えているほどです。

Landscape of memories　路地の風景①

車で通り過ぎると味わえない路地の楽しみは、マイペースに好きな場所で立ち止まったり、面白い看板風景を発見したり、かわいい猫とバッタリ出会えたりするところ。古い木造住宅が並ぶ路地を歩いた時にすごく懐かしい独特な生活のにおいがしてきて、子供の頃の記憶が呼び起こされるような不思議な感覚がありました。

（下左）取り付けられたままの古いサインポールに、ここが美容室だったことを知る。（上左）コザ十字路から少し入った路地で沖縄唯一の銭湯「中の湯」に出会いました。（下右）首里の路地で見つけた交通安全のホーロー看板。このタイプは結構年代モノ。

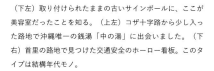

看板はタイムカプセル

メンズファッション　ニコニコ屋　那覇市

浮島通り沿いの老舗服屋の解体中に、外された看板の下からさらに古い直書き看板が顔を出しました。今までの立体文字看板もノスタルジックでしたが先輩看板が隠れていたとは！しばらくして建物は取り壊されてしまいましたが、少しの間でもこの看板風景を体感できてよかったです。

思い出の場所とほろ苦い20代の記憶

ダイナハ　那覇市・1996年撮影

ジュンク堂書店の建物がその昔「ダイナハ」だった頃。1階のドムドムハンバーガーの象のロゴマークも懐かしい。実は大学卒業直後、遠距離恋愛が始まった日に寂しさまぎれにこの写真を撮った事は覚えているのですが、なぜ路地の隙間から…？ 今となってはおぼろげな記憶です。

市場通りのアーケード　那覇市

旧那覇市第一牧志公設市場とアーケードがあった頃は、見上げればたくさんの飾り付けがありました。クリスマスや年末年始の時期になると星空のようなキラキラした電飾が灯り、夕暮れの店の灯りもイルミネーションみたいでワクワクしたものです。とにかくいろんなモノがごちゃ混ぜに密集していたことも市場の魅力だったのでしょうね。

魅惑的な二階に上ってみたかった

なつかしのロゴに再会

平和通り　那覇市

平和通りにあった雑貨店「なみさと」が閉店してだいぶ経つというのに、吊り下げられた案内板には今も懐かしい店の名前が残っていました。ロゴデザインもまた記憶の引き出しを開くカギになっているんですね。平和通りといえば、入口の半地下にある「門」も長年愛され続けている喫茶店です。

整然と並ぶ長窓がモダンで美しい

旧琉球銀行本店　那覇市

１９６６年に建てられた琉球銀行本店は、一面に並んだアーチ型の細長い窓とターコイズブルーの壁が印象的で、正面玄関のレンガの壁、石が埋め込まれた床も全てがモダンに調和していました。こういった街の魅力的な建築こそ、取り壊さずリノベーションしてでも引き継いでいけたらよかったなぁと今も妄想してしまいます。

街の大きな薬局が消えた日

中琉薬品　那覇市

久茂地にあった大きな薬局。この界隈の通りはよく歩いているけど実は利用したことはなく、大きな黄色の看板が印象的でした。賑やかな街の中で多くの人がこの薬局に助けられてきたのでしょう。いつか入ってみたいと思っていたけどその機会はないまま、取り壊し作業を目の前にして建物の中の様子を見ることになったのでした。

ここもいつしかノスタルジックな場所に

パレットくもじ　那覇市

オープンして30年以上になるので、ここも懐かしい記憶を辿る場所になってきました。大きなオルゴール時計から現れる各国の人形たち、ライブや映画、展示会などのイベントが開催された7階のリウボウホール。そのあとタワーレコードがOPAから移転してくるのですが、それまでは向かいのベスト電器内にあったCDショップと合わせてよくハシゴしたものです。

My Favorite

鉄門扉

こうして並べると、なんと芸術的な鉄門扉の世界。交差する曲線と直線の美しさに見入ってしまいます。山と太陽や波のようなデザインも取り入れたりしてかなり個性的。その技は職人たちが生み出したオリジナルなのかもしれません。クラシカルな雰囲気は、伝統的な赤瓦屋根にも外人住宅にもしっくり馴染みます。最近は見かける機会も減っているので今後貴重な存在になっていくのかもしれません。

存在感がただよう個性的な形と曲線

真和志支所　那覇市

床や壁の材質、階段の手すりやトイレに昭和な雰囲気を今も伝える、現役バリバリの真和志支所。地下には公設市場だった名残がタイルや電話番号のメモなどあちこちに残っていて、タイルに貼ったドリンクのステッカーも時代を感じます。最上階ではふたが開いたままの古いオルガンが誰か弾いてくれるのを待っているかのようでした。

公設市場のなごりがあちこちに残る

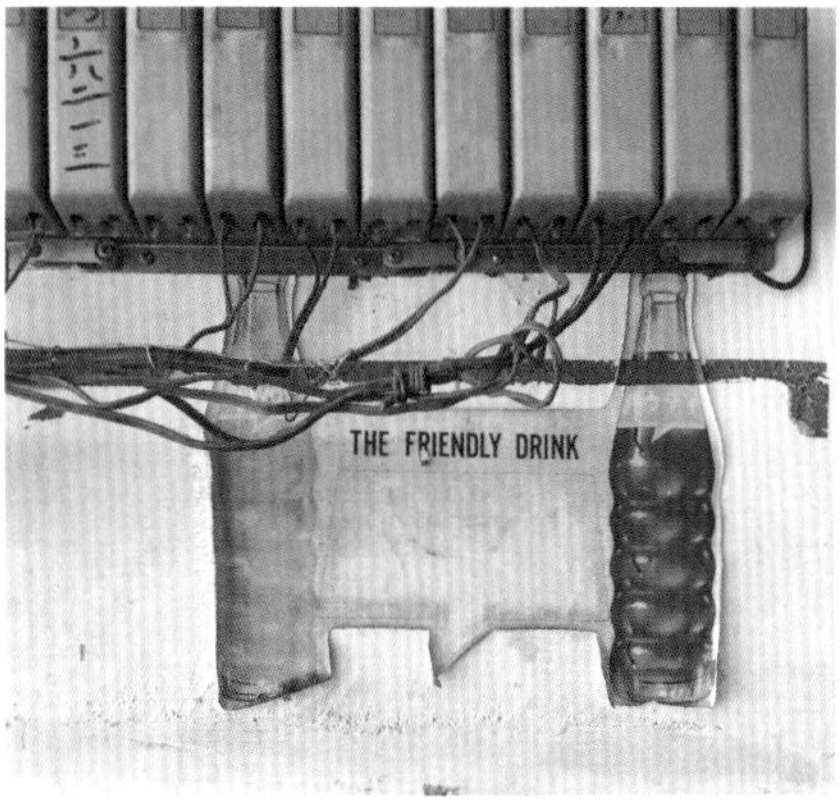

覚えやすいビルの名前

テレホンビル　　那覇市

スマートフォンが伝達手段の主流となった今、「テレホン」という言葉自体あまり聞かなくなりました。むしろ久しぶりに耳にするとカワイイ響きですね。ダイヤルもしかり。シンプルな看板だけど、文字に温かみがあって思わずじっくり見てしまいます。正面玄関の床タイルやレンガ風の壁も素敵です。

港の近くにドッシリ構える老舗のホテル

ホテルよしだ　那覇市

建物全体がまるで大型船のような、丸っこい窓や赤色のアクセントもおしゃれな「ホテルよしだ」。中学時代の通学路で歩いていた頃はもっと和風な印象でしたが、おしゃれにリニューアルしていました。泊港を目の前にどっしりとした存在感で旅行者を迎えてきた老舗のホテルです。

当時のマダムたちが集う風景を見たかった

メナード化粧品　那覇市

交通量の多い通りで静かに佇む、シンプルな二階建てと直書き看板のバランスの良さに上品な雰囲気がただよいます。二階の窓と戸袋、並んだ植木鉢まで味わいがあります。昔の「メナード」のロゴも懐かしい。泊1丁目にあるのに上之屋南（泊3丁目あたり）というのが気になるところです。

港のそばで建つ硬派な佇まい

埠頭倉庫　那覇市

こちらもシンプルな形の3階建てで、ぐるりと囲んだ外枠のアールが硬派でオシャレな雰囲気。筆書きの立体文字もシブいです。この建物が人間に変身したなら、クラシカルなスーツを着こなす大人の男性が現れそう。ランダムな窓の配置に、中はどんな部屋になっているんだろうと興味がわきました。

フリーダムなバナナたち

青果店の店頭　那覇市

思い思いにリラックスした様子のバナナやカリフラワー、ほうれん草たちが並ぶ青果店。なんともゆる〜い雰囲気がほのぼのと味わい深くて、段ボール箱の穴まで顔に見えてきました。そういえば昔の商店ってバナナ以外にも島ぞうりやヘアーネットとか、いろんな商品がぶらさがっていたような気がします。

惜しまれつつ閉店した街の本屋

ブックスおおみね　那覇市

栄町の通り沿いで24時間営業を続け、2022年に40年の歴史に幕を閉じた「ブックスおおみね」。店頭にたくさん並んだ本棚に、子供の頃立ち読みした光景がよみがえりました。店内には漫画家のサインが並び、沖縄本も豊富で子供から大人まで多くの人に愛されてきた街の本屋です。

大切にしたいこの風景

てんぷらとさしみの店

那覇市

大道の路地裏を歩いていると、昔ながらのショーケースにてんぷらとさしみが並んだ懐かしい佇まいの店と出会いました。2階の板壁にびっしりと生い茂ったツタの生え具合と、入口に置かれたコンクリートブロックの足場も見どころ。手際よく刺身を切っている店の方と話をしながら、てんぷらを紙袋に包んでもらいました。

バスの車窓から眺めた螺旋階段と灯り

光電気産業跡　那覇市

バス通学をしていた大学生の頃、大道の通り沿いにあったショールームのガラス越しには照明器具がたくさんぶらさがり、夜に通ると灯りが一斉にともって幻想的だった光景を思い出します。現在は別店舗に変わり、シャッターに書かれたヒーローのイラストや東芝の古いロゴも現存しているかわかりません。

巨大な文字のスーパー看板

ストアー山内　　那覇市

正月の書き初めを彷彿とさせる縦書きのスーパーの看板。ここに直書き看板を配置する目的で設計されたのでしょうか、通りのどちら側からでも見える建物の角一面に大きな文字がすごい迫力です。高さもあるので遠くからでもかなり目立つ看板だったと思います。

よきネーミング　素敵なたたずまい

ゲンキ食堂　那覇市

懐かしいキャラクターが描かれた食堂の黄色い看板と壁の青、「ゲンキ」の赤が目を引きます。“かき氷”ではなく“みぞれ”という表現にもレトロな味わいがありますね。古き良き沖縄の食堂のたたずまいに元気が出てきます。

My Favorite

直書き看板

沖縄であちこちに見かける直書き看板。見事な達筆の筆文字からデザインされた文字まで、まさに看板職人の腕の見せどころです。風化して新旧の文字が重なっていたり、長年取り付けられていた看板が丸ごと取り外されて、その下に隠れていた直書きがお目見えするパターンも。米軍基地近辺には英字直書き看板が多いのも特徴です。

共立クリーニング

カット&パーマ 床屋さん

ストアー

名刺・はがき・案内状
中央謄写堂

トップ 美容室

美松理容館

青空に映える赤瓦屋根とシーサー

壺屋やちむん通り　那覇市

沖縄らしい風景を満喫できる古い石積みに赤瓦屋根、壺屋のやちむん通りはあちこちで路地が交差しているので、気の向くままに散策できるのが楽しいです。白い屋根が眩しい上の写真の場所は今ではなくなってしまいましたが、下の写真の「新垣家住宅」（国指定重要文化財）は今もその姿をしっかりと残しています。

時代を見つめてきた文化施設

図書館・那覇市民会館　那覇市

もうフェンス越しでしか見ることができなくなった那覇市民会館。これだけの素晴らしい建築をどうにか残していけないものかと今でも思います。旧県立図書館は稲嶺成祚先生の壁画と大きな窓が印象に残っています。今も変わらぬ佇まいの那覇市立図書館。インターネットがなかった頃は調べ物といえばまず図書館でしたね。

絵に描いてみたい素敵な風景

ブロックの階段　那覇市

坂の上の民家を目指して不規則に並んだブロック階段が、地面に潜んでこっちを覗き見ている生き物のように見えてきました。アバウトだけど絶妙にバランスが整っている。絵に描いてみたい風景です。こういう出会いも街歩きの醍醐味のひとつなのかもしれません。

Landscape of memories　路地の風景②

メインストリートよりも道幅の狭い路地を歩いて出会う風景が好きで、松尾の民家の間をよくモノクロフィルムで撮影していました。上右写真、仮設市場が建つ前のにぎわい広場では、フリーマーケットやイベントが開催されたりしていました。左下は那覇新都心に程近い安里の路地風景。古い住宅地が密集していた一帯には空き地や駐車場が増えましたが、昔のまま舗装されていない小道とタワーマンションとの対比に時の流れを感じます。

手書きの広告看板と漆喰で描かれた鳳凰

首里劇場　那覇市

首里劇場の舞台裏には、板に書かれた当時の広告看板が今も残っています。当蔵大通りの「オーシロ靴店」が、90年代半ばに撮った写真の中に偶然写っているのを発見し、隣のページに写真を並べてみました。スクリーンの上には漆喰で立派な鳳凰が描かれています。

我が青春の当蔵大通り

当蔵大通り　那覇市・1990年代撮影

県立芸術大学に通っていた90年代前半の当蔵大通り。「オーシロ靴店」の建物は「ほっかほっか亭」に替わり、一時期アルバイトをしていたこともあります。その後、歩道拡張のため道路沿いの建物はほぼ建て替えられ、この風景もいっぺんに様変わりすることになります。ありし日のデザイン棟の教室からは那覇方面が一望できました。

第二章 中部編

国道沿いを通るたび、お気に入りの看板や建物を観察するのがひそかな楽しみです。いつか近くで降りて写真を撮りに行こうと思っていたら、ある日取り壊されていることもあり、〝思い立ったが吉日〟という言葉を改めてかみしめます。中部編で紹介する写真にも今ではなくなってしまった場所がいくつかあって、どんどん記憶の風景になっていくのでしょう。直書きで立体的に表現された「CLUB　DAIYA」は、よく見ると英語と日本語のローマ字表記が合体していて、看板の文字にもチャンプルー文化を発見しました。

CLUB

迫力のある動物たちが躍動していた団地風景

県営牧港団地　浦添市

団地の一棟に一頭ずつ描かれた動物たち。ライオンやワニ、マンモスなど大型でどっしりした動物が今にも動き出しそうにリアルに描かれていて、通称「動物団地」と呼ばれていました。残念ながら現在は壁面は塗り消され確認できる動物はわずかなのですが、時が経ってまだ建物が健在なら、動物の姿が再びうっすら出てこないかしらと密かに願っています。

ポップで優しいパラソル電話

ブルーシール牧港本店　浦添市

牧港本店の壁面には知る人ぞ知る受付電話がありました。イメージカラーのパラソルと電話のマークがレトロでポップなブルーシールの雰囲気とマッチしています。こういう受話器の形も今では懐かしいですね。2024年にリニューアルされた時にこのパラソルと電話は再現されるのか気になります。

58号沿いの
アーチの風景

浦添市

いままで意識していなかったけど、ある日からその魅力に気づいてしまった建物がこの集合住宅でした。ベランダの柵に施されたアーチ状の枠がオシャレで、洋風な建築物のようにも見えます。現在は取り壊されてしまいましたが、ベランダから海を望む、アーチ型の風景はきっと素敵だったんだろうなぁ。

アーチ型の景色に想いをはせる

街の画伯と不動産情報

我如古交差点の似顔絵看板

宜野湾市・2004年撮影

かれこれ20年ほど前になりましょうか、有名人の似顔絵が描かれた不動産看板を街のあちこちで見かけました。特に我如古交差点の壁面は名所と言っていいほどで、信号待ちをしながら新しい似顔絵が出るたびに心躍っていたのを思い出します。はたして誰が描いたのか、似顔絵の描き慣れたタッチと手書きの不動産情報がなんとも味わい深いです。

店は閉まっても看板の存在は消えず

商店看板

宜野湾市

閉店後も残る看板の文字たち。直書きが風化して消えかかっても、建物が残るかぎりその場所で存在し続けています。石川商店は低い位置で傾斜になっているのが特徴で、パーラー平安座のメニュー「すば」の表現が沖縄風。「スーパー」と「ストアー」が重なって「ストパー」に見えてしまうのも直書き看板が成せる奇跡です。

仲松ストアー

Smile

家電レンタル店の英字看板

58号沿い英字看板　宜野湾市

テレビ・冷蔵庫の販売レンタルサービスの店舗あと。宜野湾市大山の58号沿いには家具屋や電器店などの英字看板が多く見られました。建て替えなどで以前よりも数は減っていて、残っている看板風景も今のうちに撮っておかねばという気持ちになります。

顔に見えてくるホーロー看板

まねのできないおいしさ　宜野湾市

カゴメの大型ホーロー看板が宜野湾に残っていました。中央のロゴマークの赤色はさめてしまっていますが、鮮やかな黄色とキャッチコピーの緑、トマトをイメージした形は大きな口に見えます。ちなみに星形のマークは“籠の目=カゴメ”を表しているそうです。

My Favorite

気になる看板

ネオン看板の文字がカラフルに彩る看板風景。書体も雰囲気も形もさまざまです。サムズカフェのフォークとナイフ、靴屋のイラスト、手相占いの手、喫茶店のコーヒーカップ…ビジュアルが加わると一瞬で情報が伝わりますね。そして宮古島に存在していた「1ねん2くみ」！現在は土産店になっていますが、80年代はあちこちに店舗があったサンリオショップを君は覚えているかしら。

BEAUTY SALON
POPURA
ポプラ美容室

SAM'S
CAFE
亜米利加料理
レストラン
サムズカフェ
11:30～22時 年中無休
ヘルシーな
赤身
ステーキ

靴
修理致し
ます
フレンドくつ店

胡屋店
占
2F

GIFT SHOP
1ねん2くみ

純喫茶
coffee
6234

植木鉢の日当たりのよい指定席

アパートといす　宜野湾市

L字型と花ブロックが特徴的なアパート前の広場にいろんな向きでイスが集まって、それぞれが植木鉢の指定席になっていました。これから不思議な集会が始まりそうです。場所の雰囲気もそのまま演劇の舞台になりそうで、こういうシチュエーションに出会えるのも路地歩きの楽しいところですね。

パイプライン沿いのヒンプンみたいな案内看板

教会の案内看板　宜野湾市

宜野湾市喜友名のパイプライン沿いに置かれた大きなコンクリート看板。文字が薄くなっていますが、裏面には「復元イエス・キリスト教会」「シオン学園」の文字が判読できました。1962年に建てられた同名の幼稚園と教会が近くにあるので、当時は案内看板として存在したのかもしれません。

半世紀以上の歴史を持つ仕立て屋

マンダリンテーラー

宜野湾市

58号沿いの仕立て屋「マンダリンテーラー」。店頭にはパリッとした軍服やスーツがディスプレイされています。この場所で半世紀以上の歴史を重ねてきた「Since1964」の直書き文字が誇らしげに見えました。いつか自分の服をオーダーメイドで仕立てられたら…と、今も憧れがあります。

ここぞノスタルジックストリート

ラッキー7　宜野湾市

カラフルなネオンサインがディスプレイに並び、入口には大きな星条旗が。店名の「7」にも星がちりばめられています。宜野湾市大山の58号沿いにはアメリカンな雑貨屋やアンティーク家具を扱う店が今もいくつかあって、散策しながら歩いてみるとノスタルジックな見どころの多い通りです。

楽しい思い出が宿る巨大造形物

おきなわアイランドパーク　沖縄市・1990年代撮影

平成の初めにオープンした「おきなわアイランドパーク」。閉園まで10年未満という短い期間ながらも、訪れた人の思い出に深く残っている場所で、〝台風時は観覧車のゴンドラがクルクル回っていた〟というすごいエピソードも聞きました。観覧車やジェットコースターなど大きな遊具がある風景は今見てもワクワクします。

会社の歴史を感じる堂々とした姿

丸栄商会　沖縄市

老舗の自社ビルといった堂々とした佇まいが、車で通り過ぎるたびに気になっていました。2色のレンガタイルの壁面と、窓枠の格子に沿って社名の立体文字が配置されたデザインが渋くてかっこいいのです。シンプルですっきりした形のビルが増えていく中で、こうした個性が光る建築に出会うと心躍ります。

ヘアーサロンユタカ　沖縄市

青空に映えるクリーム色の瓦屋根とちょこんとのったシーサー、屋根と同じ壁色と看板の手書き文字が味わい深い理容室。植木鉢の緑と看板の周囲の青いラインがアクセントになって看板を引き締めているところにセンスを感じました。

見事に調和のとれた街の床屋風景

板の直書き看板と木製引き戸の味わい

コインランドリー　沖縄市

年季の入った木製の引き戸や、ひび割れたステッカーまで味わい深いコインランドリーの佇まい。店名が板に直接書かれているのはあまり見たことがなかったかも。建物のエメラルドグリーンもレトロ感があり、コインランドリーの雰囲気と合っています。24時間オープンということで夜の風景も見てみたいと思いました。

現像が上がる日は楽しみだった

中ノ町フォート　　沖縄市

デジタル化の時代、写真は個人の携帯やPCにデータ化され、フィルムを現像所に持ち込んだり証明写真を撮影する機会も減りました。なるべく早くプリントしたくて「スピード仕上げ○○分」の店を探した日々が懐かしいです。かさばるのは承知なんだけど、やっぱり写真は紙にプリントしてアルバムに貼って残すのが一番なのでは…と思いますね。

あの頃、胸おどらせたあの店この店

ゴヤ界隈の看板たち　沖縄市

“ししゅう”の文字とボウリングの絵がかわいい直書き看板。80年代はあちこちにあったファストフード「ビクモン」も、一番街にあった店が最後まで残っていたような気がします。ハンバーガー店なのにスパゲティとトーストをよく注文していました。パークアベニュー入口の大きな建物も今では取り壊されてしまいました。

社名よりも熱いメッセージ

イヌのふん注意看板　沖縄市

社名看板よりも確実に目立っている「イヌのふん持帰って下さい」の看板文字が目の前にせまってきます。配置が絶妙すぎて不安になる書体、赤文字で一番目立つ「イヌ」が目に焼き付いてしばらく離れません。よく見ると社名看板もなかなか個性的。

ひらがな表記がキュート

ふれんど美容室　沖縄市

赤いドアとレースのカーテン、ガラス戸に貼られた金色のカッティングシートが上品な雰囲気の美容室です。カタカナよりもひらがなで書かれた「ふれんど」は、さらに味わい深いものがありますね。シュッと伸びた筆文字の勢いも見逃せません。ドアの向こうでマダムたちの楽しいおしゃべりに花が咲いたことでしょう。

あの頃の商店風景

平良商店　　沖縄市

キャベツやにんじんがごろんと並べられた商店の店先に遠い記憶の風景がよみがります。以前は直書き看板だったのでしょうか。バナナの段ボール箱に板を敷いて野菜置き場にしたり、テント地の日よけや入口の段差まで懐かしい気持ちになりました。

細い路地にみちびかれて路地歩き

園田の路地裏　沖縄市

携帯のナビ機能を見ても道に迷うほど方向音痴なので、初めての場所はドキドキします。大通りから少し入って民家が並んだ路地をナビの通りに進むと「本当にここで大丈夫？」と思う道が現れました。それでも歩き進めて頭の中の地図が繋がった時の達成感！路地歩きの楽しさをまた一つ知ってしまいました。ナビを使わずに歩いたらまた面白いだろうな。

安全運転を見守り続けたシーサー

巨大シーサー　うるま市

大きな口を開けて愛嬌のある表情の巨大シーサーは、1977年からうるま市の交差点で交通安全を見守ってきました。老朽化のため2023年に撤去されてしまいましたが、この場所を通るたびに長年親しまれてきたシーサーを思い出して、いつまでも安全運転の気持ちを忘れずにいたいです。

運動の輪を広げよう
心豊かな
ふるさとづくり
うるま市 交通安全
楽シ〜サ〜

今に残る、貴重な直書きロゴ

キングタコス　　うるま市

浜比嘉島に向かう途中で見かけた、「元祖タコライスチーズ　ジャンボバーガー」の文字が力強いキングタコスの店舗跡。今まで取り付けられていた看板が外されて古い直書き看板が現れたようです。「キングタコス」の書体も、動きがあっていいデザインですね。

My Favorite

パーラー

沖縄ならではなのか、通り沿いによくパーラーを見かけます。ドライブの途中にふらりと立ち寄れる気軽さがあります。糸満の青空の下で見かけた、「バーガーショップ」と「弁当　100円そば　冷し物」が見事に重なったパーラー看板。次ページでは、2017年に撮ったうるま市のパーラー看板をずらりと並べてみました。道すがら、旅先の茶屋のように休憩できるパーラーがこれだけたくさんのあるのもすごいことだなと思います。

こっこパーラー
TEL098-978-3903
てんぷら
ぜんざい
かき氷

パンダ食堂

おいしい弁当
太陽

営業中

ハンバーガー
チーズバーガー
ハムチーズサンド
そば
スパゲティミートソース
250
タコライス(大)
タコライス(小)
タコスパ(大)
タコスパ(小)

ぜんざい

パーラー ポスト ジュニア

パーラーコンボーイ

パーラー やましろ

パーラー ミミ

風景になじんだ街のバーバーショップ

SALON DE 騎士　うるま市

建物に馴染んだ街のバーバーショップ。「騎士」は「ナイト」と読むのでしょうか、看板の上にあるハサミとKのロゴもキマっています。2階建てのアパートの一階で、日常に溶け込んだ存在感がありました。赤白青のサインポールも風景にマッチしています。路上駐車しないよう、専用駐車場の情報も大事。

セメント瓦の堂々とした佇まい

仲里家具店　　うるま市

瓦屋根の店構えも立派な、うるま市のベニヤ通りにあった家具店。看板には「和洋家具　一切　製作」の文字が書かれていました。大型店に車で出掛けて行くようになった昨今、地元の家具屋で選ぶことができて、要望のサイズに合わせて家具を製作してくれる職人たちが生活の身近にいたのでしょう。

金物屋の隠れキャラ発見

丸中商会　うるま市

元祖ホームセンターとして長年親しまれている丸中商会。週末は大勢のお客さんで賑わいます。現在は看板のデザインがオシャレにリニューアルして、この素朴な雰囲気が今では懐かしいのですが、よく見ると電話番号のマークがカニっぽいことに気づき、（しかも自分で受話器を持っている）あまりの可愛さにアップにして載せてみました。

2009年、キャロットアイランドにて

津堅島　うるま市

人参の産地で有名な津堅島では島のあちこちにニンジンモチーフの建造物がありました。ベンチに展望台、巨大ニンジンが転がっている売店まで！まさに「キャロットアイランド」の名にふさわしい光景が広がっています。時が経った今はどうなっているのか、また訪れてみたいです。

比嘉グロセリー　　嘉手納町

「グロセリー」という表現は普段あまり使わない言葉なので調べてみると日用品や生活用品を表す言葉なんですね。よく見たら「雑貨」と書いてある。嘉手納基地の近くのお店なので、「コーヒーシャープ」「アイスワーラー」のような、アメリカナイズされた表現だったんでしょうか。

Landscape of memories　マチヤグヮー

学校の近くにはマチヤグヮー（商店）があって、帰りに寄り道してジュースやおやつを買ったりするのが楽しみでした。家から歩いて行ける範囲にも日用品が揃ったおなじみの店が必ずあったものです。コンビニや大型スーパーが増えて少しずつなくなっていくマチヤグヮーの風景。今でも現役の直書き看板を時々見かけると嬉しくなります。交通安全を呼びかけるヤンバルクイナの絵の味わい。マチヤグヮーのネーミングはたいてい苗字が主流ですが､花の名前がついた｢サルビヤ商店｣はどこか洒落ていますね。

アヒルの絵が描かれた気になる看板

かんのんアヒル　西原町・2000年頃撮影

のどかな風景の中に「ぜんそくにはかんのんアヒル」と書かれた謎の看板を見かけて、喘息に効くアヒルを販売しているの？と気になっていました。あれから20年以上経って毎日通る道ではなくなったけど、かんのんアヒルはどうなっているんだろう。民間療法的なものなんでしょうか。

一度しか乗ったことはないけれど

美浜の観覧車　北谷町

いつまでもあると思うな、というのはノスタルジックな建物ばかりだと思っていました。北谷町美浜のランドマークとして定着していた観覧車が22年目にして解体されるなんて思いもよらなかったのです。と言っても結局一度しか乗ったことなくて。世代によっては観覧車はデートコースだったりしたのかな。少しずつパーツが外されていく姿がさびしかったです。

Landscape of memories　看板ハイド＆シーク

夜のパークアベニューを歩いていたら、歩道のアーケードと店舗の隙間に古い看板文字を見つけました。Since1956！何度も歩いた通りなのに今まで気づかなかったこの隙間。アーケードを設置するために看板を削ったり位置を下げたりしたんですね。もっと他にも見つかりそうなので今度じっくり観察してみよう。宜野湾のパイプライン入口も手書き文字がちょっと隠れているけど、石敢當とセットになっているのが面白い。与儀の民家のガレージには謎の書き文字「M、マ、大」誰かこのメッセージを解き明かしてほしいです。

OKINAWA

MY FAVORITE

THINGS

街で見つけたお気に入りのものたち

GALVANIZED IRON, OLD-STYLE MACHINES, BLOCKS, SIGNBOARDS, CARS, WALL CLOCKS,
RUSTY THINGS, AND OTHER VINTAGE ITEMS

無骨でヴィンテージな味わい

首里劇場で出会った懐かしきプロダクツ

My Favorite

黒電話、扇風機、エレベータのボタンや宇宙船みたいなタンク…懐かしいあれこれを並べてみました。昔の工業品の重厚さにほれぼれします。"ナナサンマル"以前、左ハンドルだった頃の乗用車がかっこいい。改装前のホテル山市のロビー案内板は、内側が照明になって文字が光るタイプで、こちらも懐かしい味わいがありました。

流れゆく時間とともに

My Favorite

ぴったり閉ざされ錆びた扉に貼られたステッカー跡が商店の面影を残しています。下の方には昭和62年の海邦国体のステッカーも。長い間、時を刻み続けてきた2つの振り子時計は今でもゼンマイを巻いているのでしょうか。トタンの三角屋根も今はあまり見なくなりました。

SEIKOSHA
January February March

時計・カメラ・テレビ・其の他
諸喜田時計店

暮らしを彩ってきたデザインたち

My Favorite

目にも楽しいデザインの建材たち。花ブロックや床材、柄の入ったガラス板もいろんな種類があって生活を彩っていました。トイレのアイコンも今はシンプルなデザインが主流ですが、このぐらいはっきりした表現だとモノトーンでもわかりやすいですね。

3階
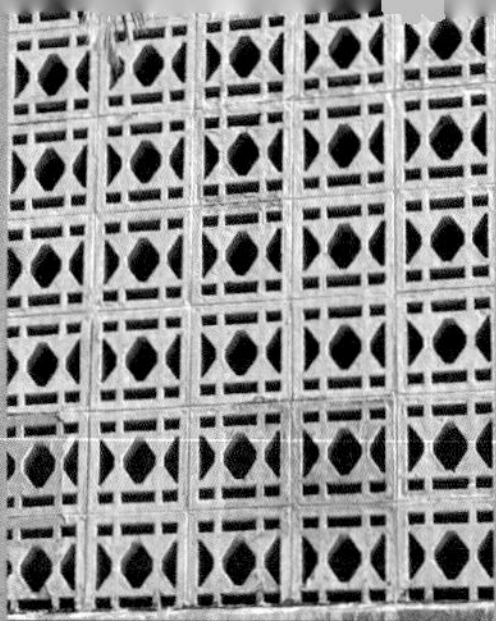

水を　に使いましょう

観光ホテル 平安

OKINAWA NOSTALGIC

VINTAGE COLOR

アパートや民家の壁に、2色使いや蛍光色など、ポップでカラフルな看板＆建物たち。家主さんのセンスが光る色使いはお見事です。集めたらノスタルジックなカラーチャートができそう。

Red

理容室、アパートの赤い壁。赤瓦に合わせて縁どられたセメントの瓦は顔っぽい。

Blue

木の扉はブルーに塗られている確率が高い気がします。青空に映えるギャラリー看板。

Orange

丸窓がキュートな薬局と立体看板。オレンジの色使いが華やかです。

Yellow

スクールバスみたいなパーラー。黄色に赤の矢印が一番目立ちますね。

さりげなく溶け込んで

コンテナやアイスケースを再利用したり、時代を経てひっそりと風景の一部になっているあれこれ。タイルに貼られたチューリップやハイシーのステッカー、ポケベル時代を懐かしく思い出す通信会社に、昭和だけでなく平成も今やレトロになってきたんだなと感慨深いです。

My Favorite

君はおぼえているかしら、昭和62年に開催された海邦国体のキャラクター「クイクイ」を。今も名護の商店街、浦添のボウリング場や沖縄市民会館で会うことができます。

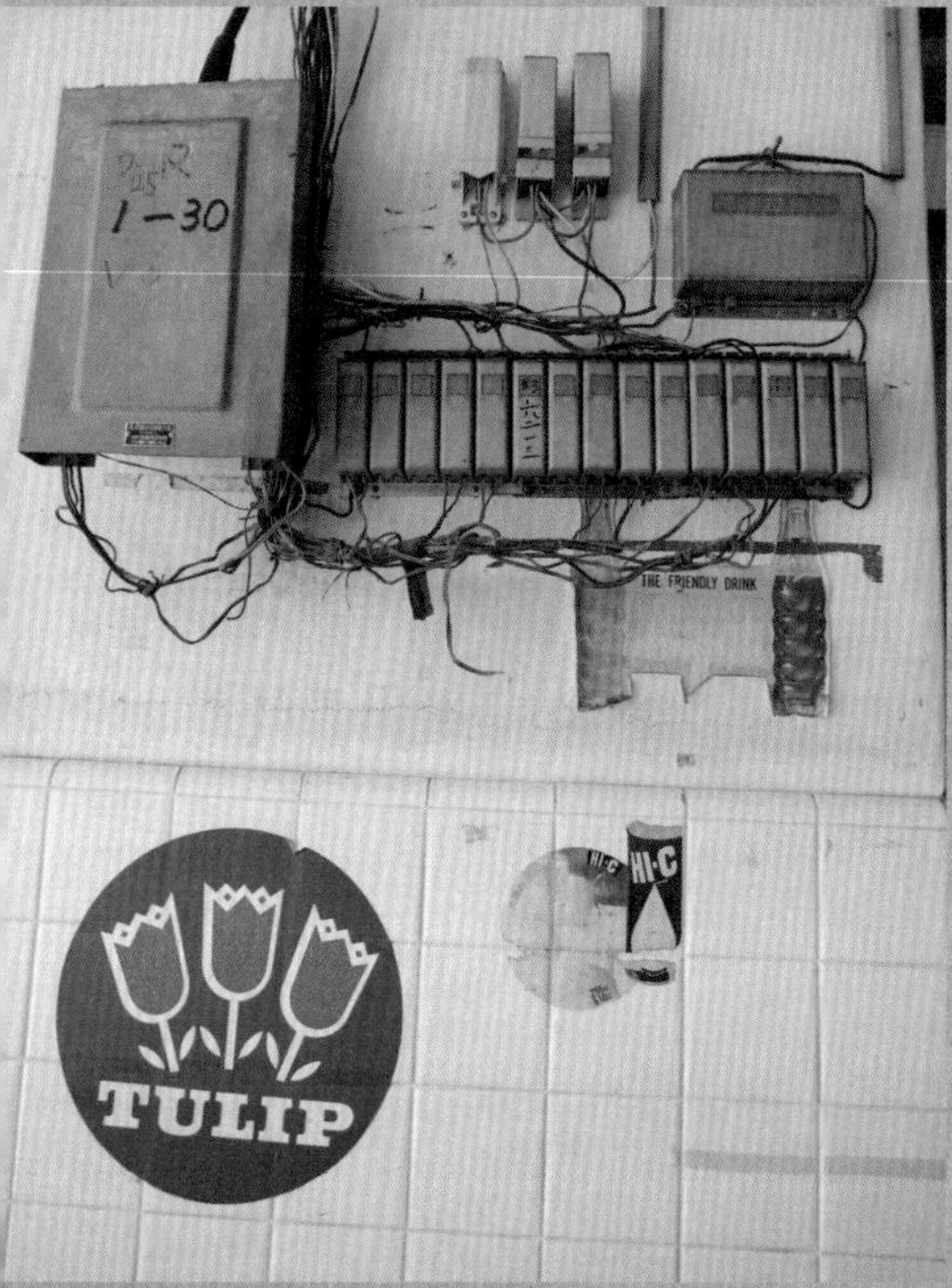
1-30
THE FRIENDLY DRINK
HI-C
TULIP

Okinawa Tele Message
INFORMATION

緑のスイッチ他

アクア
マリン

めんそーれ
島唄ライブ
あしび

第三章 北部編

近くに海があっても眺めるばかりで遠出もあまりしないのですが、たまには北部方面にも足を伸ばします。旅情を誘う街に降りて気の向くままに歩いていると、もうここでしか出会えないんじゃないかというほど静かに時を重ねた味わいのある光景が広がります。同じ沖縄なのにちょっとした小旅行気分が楽しい。路線バスに乗って泊まりがけで路地裏巡りツアー計画を企んでみよう。

海と山をはさんだ工場風景

本部鉄工所　　本部町

本部町の海沿いで、セメント瓦と木枠のガラス窓が印象的な大きな工場に出会いました。ツタの這う黄色い壁と雨戸の水色が絵的で、やんばるの山を背にした懐かしい工場の風景は北部ならではの味わいがあります。

飲みながらタイムスリップできそう

セメント瓦の味な居酒屋

本部町

居酒屋なのにまるで親戚の家に来たような懐かしい気持ちになれる、木造ブロック瓦の味な居酒屋に出会いました。場所も海の近くなので潮の香りも心地いいんだろうな。

My Favorite

セメント瓦の店

見事なセメント瓦のお店が多いやんばるの風景。業種によって店構えも様々です。ひとつの建物に2つのスナックの入口があるけど、もしかして中で繋がっていたりして…と妄想してしまいました。鮮魚店の看板がテント地のひさしになっていて、自動販売機までかぶさっているのがいいね。2階建ての「トグチラジオ」の外観も懐かしい味わいがあります。

上間鮮魚精肉店 47-2630
docomo
Coca-Cola

Panasonic
渡久地ラジオ
トクチ ラジオ

具志堅タタミ店
畳
たたみ

迫力のレンガ造りと錆びた引き戸

共同処理加工施設　本部町

1977年に建てられたコンクリートレンガ造りの大きな建物。赤く錆びた鉄の扉にレンガのオレンジ色が映えます。沖縄ではなかなかお目にかかれない建築スタイルと、道沿いのフェンスで雰囲気がありすぎる風貌に圧倒されながら、周囲をしばらく歩いて眺めました。

本部町で出会った街の電気屋さん

渡久地ラジオ　　本部町

111ページのセメント瓦のページに登場した「トグチラジオ」の正面のファサードが、まさに“懐かしの街の電気屋さん”といった様相で、ショーウィンドウに飾られた足付きのブラウン管テレビがしっくり馴染んでいました。屋上にちらりと見える花ブロックも見逃せません。

この風景は変わらないままでいて

本部町営市場周辺の風景　本部町

本部町の市場から川の向こうに、山を背にした二階建ての長屋のようなセメント瓦の建物が連なっていました。とてものどかで素敵な風景です。市場の名物“カツオベンチ”は、スパッと切られたデザインがちょっとこわいけど斬新で面白いです。

動き出しそうな文字デザインの理容室

金城理容館　国頭村

むっちりしたステンシル風の文字が魅力的な理容館の入口。見れば見るほど味のある書体。ハサミを片手におかっぱ頭がウインクしているようにこちらを見ているのも、ちょっぴりミステリアスで面白いと思いました。

建物全体に大きなキャッチフレーズ

国頭村商工会館　　国頭村

商工会の建物を通り過ぎ、後ろを振り返ると建物に「郷土愛　お買物は村内で」の巨大キャッチフレーズ！確かに地元でちゃんと買い物しなきゃね。ふるさとの経済を回していこうという大事な想いを受け止めました。

雨戸の戸袋は看板になる

ちばな家具店　国頭村

直書きの文字がだんだん変色してグラデーションっぽくなった家具店の看板。この形状は雨戸の戸袋を利用しているように見えます。「家具一切」という表現は、先述のうるま市の「仲里家具店」でも「和洋家具一切」と出てくるので、昔の看板によく見られた表現だったのでしょうね。

喫茶店でもやしのひげをとる

宮里菓子店　国頭村

ブルーシールの旧ロゴのシールが貼ってある入口のガラス戸。歩き回って疲れていたので、引き寄せられるように入ってみました。ケーキ屋と喫茶店が一緒になった店内では、地元のおばあさんたちがもやしのひげ取りをしながらおしゃべりしていて、なんだか身も心も癒されるようなひとときでした。

アーチ状に並んだ花ブロックがおしゃれ

花ブロックの美容室　国頭村

丸みのある建物の形に沿って並んだ花ブロックが凝った造りの建物。屋上はさながら船の船首のようで、カーブになった場所で某映画のマネをする人がいたとかいないとか（妄想です）。美容室の入口が角に配置されいて看板がカーブになっているのも面白いですね。

書を楽しむように看板を愛でる

辺土名精肉鮮魚店　　国頭村

達筆な直書きが見事な鮮魚店の看板。電話番号の「Tel」が筆記体になっているのもちょっとしたレトロ感。側面の細いスペースにもきっちり店名を入れているところに細かい職人技を見ました。こういった専門店で買った新鮮なお肉やお魚は、きっと美味しいに決まっていますね。

泊まってみたい老舗ホテル

ホテル国頭　国頭村

正統派老舗ホテルの素敵な外観に引き寄せられてロビーに入ると、立派な柱時計が目に止まりました。大きな振り子を目で追っているとそのままタイムスリップしてしまいそうです。北部に滞在するならこのホテルにぜひ泊まってみたい。その時、部屋の窓からはどんな景色が見えるんだろう。

海のそばの共同売店

大川共同店　　大宜味村

塩屋湾のそばにたたずむ共同売店。直書き看板の素朴なタッチにほのぼします。トイレの小窓と注意書きの看板が同じ並びにあるので、誰かが顔を出して「一人あるきはあぶないよ！」と声をかけてくれたら…それはちょっとこわいかも。

ニライカナイと空飛ぶクジラ

名護漁港水産物直販所　名護市

名護漁港のそばに立つランドマーク。パーラーかと思ったら屋根の下にベンチがあって休憩場所になっているようです。そのてっぺんには空飛ぶクジラと、理想郷を意味する「ニライカナイ」の文字が。向かいの水産物直販所では新鮮な海産物メニューが盛りだくさんで、訪れるたびにお客さんで賑わっています。

ナゴギフト　名護市

記念品や引き出物といえば、昔はこういった専門店で選んでいた記憶があります。食器や時計、花器など定番の品がありました。今はインターネットで自宅から注文もできるので、贈答品の選び方も時代に合わせて様変わりしていくのでしょう。

やんばるの交通安全はまかせて

名護の交通安全おじさん　名護市

横断歩道は手を上げて、と言わんばかりに直立姿勢で右手を直角に上げたその姿。年季の入った渋い顔つきは、宮古島のまもるくんより先輩のような印象です。交通安全のタスキと腕章、赤いネクタイでビシッと決めて、今日もやんばるの交通安全を願って立っています。地元の人たちには何て呼ばれているんだろう。

ガタンゴトンと車窓の旅気分

ネオパークの機関車　名護市

園内を案内する機関車は、沖縄で戦前に走っていた軽便鉄道を資料をもとに再現したそうです。1992年に名護動植物公園としてオープンしてから、訪れるたびに素朴で懐かしい雰囲気がホッと安心する動物園です。車窓の旅気分で自然に囲まれながらのんびりと景色を楽しめるのもいいですね。

コロンビア美粧院　名護市

美粧院というのは美容室の古い言い方なのだそう。現在は着付けもヘアスタイルも結婚式場やホテルで準備してくれるけど、公民館や自宅などで式をあげていた頃は、髪のセットと一緒に貸衣装や着付けまでトータルに準備してくれる頼もしい美粧院が多く存在したんでしょうね。

第四章 南部・離島編

那覇から南へ少し足を伸ばして、豊見城から与那原、南城市へ。さらに海を越えて宮古島、石垣島で見つけた看板風景を集めてみました。初めて歩く通りで思わぬ直書き看板に出会うとやっぱり気持ちが上がるものです。与那原町にある「島袋衣料」の大きな立体文字は、以前の看板の位置から字間を詰めて移動しているのが興味深いところです。文字が飛ばされないようロープで対策しているのでしょうか。

高
高校生用
制服
制服
男子制

団地前ストアー

豊見城市

ビンの形がユーモラスな団地前ストアーの看板。商店の看板でコーラのロゴマークがついているのはおなじみですが、宮古島の泡盛、多良川酒造のロゴが入っているのは初めて見ました。「まあ一杯どうぞ」という感じでコップを差し出しそうな、ちょっと傾き加減なところもいいですね。

地元で愛される街の洋菓子店

キングスベーカリー　　豊見城市

お祝い事や行事のある日は、いつもより特別感がただよう「高級洋菓子」の響きに惹かれてケーキを買いに訪れたいキングスベーカリー。帰り道のウキウキした気持ちは大人になっても変わらないものです。長年愛されている「街の洋菓子店」の存在は、地元の人たちにとって“故郷の味”のひとつになっていると思います。

島尻そばが気になる

パーラーのメニュー　南城市

店名と文字のデザインが素敵な「星パーラー」。壁には直書きのメニュー表が並んでいて、きちんと揃った筆文字にも懐かしさを感じます。金ちゃんラーメンはやはりあのカップ麺のまま3分後に出されるのか…気になるところですが、それ以上に「島尻そば」のトッピングが知りたい気持ちの方が大きいです。

Landscape of memories　なつかしコンビニたち

80年代半ば、沖縄に初めてできたコンビニは「ホットスパー」だったそう。その後、「ココストア」に名前が変わり、気が付けば姿を消してしまいました。商店と入れ替わるように、今ではさまざまなコンビニチェーン店が増え、通り沿いに何軒も見かけるようになりました。遠出やドライブ中にいつも立ち寄るお気に入りのコンビニがきっとあなたにもあるはず。

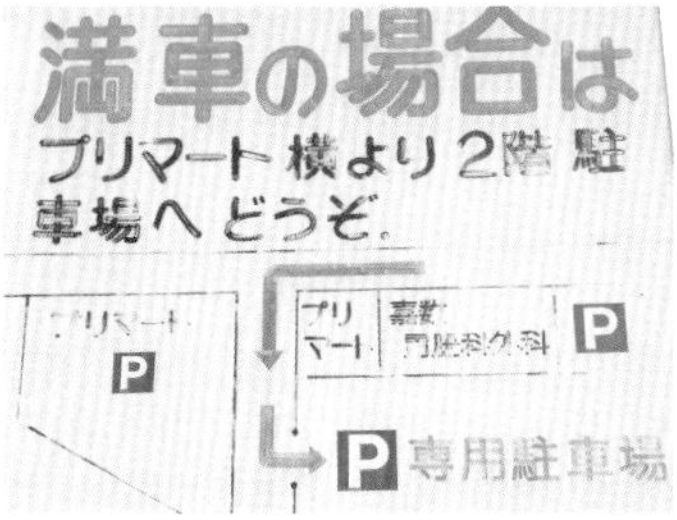

（上）ここを通ると「宜野座に来たなぁ」と実感がわいたホットスパー。（中左）今では珍しくないウォシュレットマークを載せているところに時代を感じます。（中右）伊良部島のファミリーマートが日本最南端だった頃の看板（現在は石垣島が最南端）。（下左）コンビニではないけど「プリマート」の響きも懐かしい。

ガラス窓越しの"ブロンソンひげ"

理容座安

豊見城市

カラフルなカッティングシート使いが素敵な理容室のガラス窓。"手入れの簡単な"とアピールしているインペリアルパーマは当時のイチオシの髪型だったのでしょうか。70年代のアメリカ映画に出てきそうな男性が振り向きざまの表情でこちらを見つめています。直角90度に開いたハサミの切れ味もなんだか鋭そう。

パンダブームが弁当界にも進出

とんとん弁当　南城市

70年代に盛り上がったランラン・カンカン人気にあやかったかのようなネーミング。じゃれ合う2頭のパンダのイラストも、「とんとん」のトロリとした書体や文字の配色まですごく味わいがあり、心の中で「直書き看板の名作」と呼んでいます。現在は看板も塗り直されて別店舗に変わってしまったようです。

My Favorite

レトロ公園

ノスタルジックな公園の風景には個性的な造形物が登場します。瀬長島では巨大シオマネキの足に蛇口がつき、沖縄市の公園ではトイレがリンゴの断面だったり、本部町ではミカンだったり。うるま市では真横に伸ばした腕からブランコが下がっていました。宮城島のゾウのすべりだいは懐かしのコンクリート製で、木陰でたたずむ姿はドキッとするほどリアルな風貌。

宮古島の直書き看板いろいろ

“フルーツ”のクルンとした書体、カエルみたいでかわいい「宇座木工所」の電話マーク。ホームセンターがなかった頃は台風対策に木材が必需品だったのでしょう。マタニティライフセンターの入口には助産婦さんのお名前が書かれていて時代を感じました。

大きなロゴが目を引く自転車店

糸数自転車店　宮古島市

大きく書かれた「ブリヂストン自転車」のマークと文字が目を引く自転車店。宮古島トライアスロンの時にも、多くのサイクリストたちがここへ訪れたことでしょう。右側の壁のポストに隠れていますが、「仮面ライダー」と書いてあるのがとても気になります。バイクじゃなく自転車をこいで走る某国民的ヒーローの姿を想像してしまいました。

大空に翼を広げた展望台

牧山展望台　宮古島市

1981年に伊良部島の高台に作られた鳥形の展望台。翼を広げたデザインが特徴です。尾羽の部分の階段を上がるとアーチ状の天井が寺院のような雰囲気。伊良部大橋から宮古島を見わたす絶景が広がります。以前はもうひとつ、別の場所にサシバ形の展望台もあって、島に大きな2羽の鳥がとまっていたことになります。

車庫に書かれたナナサンマルの名残

ブロック塀の車庫　宮古島市

ふと立ち止まり、車庫の何か壁に書いてある…？と目を凝らしてみるとそこには「車は左」の文字が。“ナナサンマル”で交通ルールが改変されて、ここに車を停めるたびに「そうだ、今は左側通行なんだ！」と言い聞かせていたのでしょうか（妄想）。時代をこえてひっそりと残っている昭和の名残を垣間見た気がしました。

石垣島の名所

730の記念碑　石垣市

1978年に沖縄の道路交通法の改正が行われたのを記念して建てられた石碑。すっかり石垣島の観光名所になっています。右側通行から左側通行へを表した三角のマークと「730」が大きな石に刻まれ、リアルタイムで体験していない世代にも当時の歴史を伝え続けています。

壁画に描かれたヤギの親子

ヤギイラスト　　石垣市

建物の壁に沿っていろんな場面が描かれているので、まるで絵本のページのようにも見えます。子供の頃に地元で見ていた壁画のビジュアルはきっと大人になってからもきっと残っていると思うので、島に帰省した時に懐かしく見に来る人もいるのかなと思いました。

Landscape of memories　静かに錆びている

長い年月をかけて海風や雨にさらされながらひっそりと錆びていくものたち。時代に取り残されているようで、今がその存在感をもっとも主張できているのかもしれません。ベスト電器の旧ロゴマーク時代のシャッターが今でも残っていたり、アパートのドア、海の駅のポストと公衆電話の並び、文字がかすれるぐらい錆びたバス停はいつの時代のものなのか、相当年季が入っているようにも見えて、さりげなく電柱の隣に寄り添って立っていました。

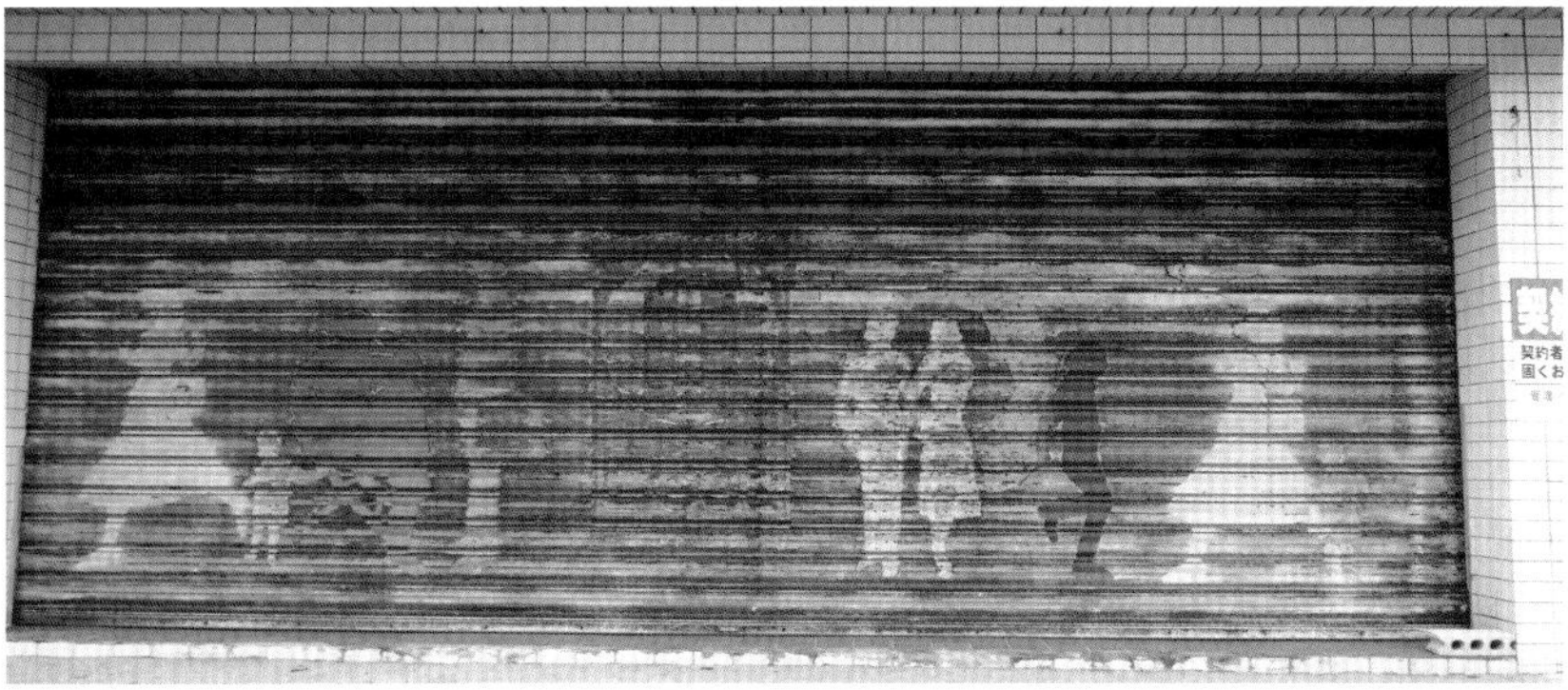

OKINAWA
MY FAVORITE
SIGNBOARD

OLD-STYLE, UNUSUAL DESIGN
SIGNS OF ENTERTAINMENT DISTRICT

第五章
街で見かけた個性的な看板たち

街を歩いていて何が楽しいかといえば、面白い看板を見つけることです。イラストや手書き文字、スナック看板のデザインもとても個性的で独自の世界を突っ走っています。また、標語看板にも勢いのある言葉が躍ります。思わず二度見してしまう“隠れキャラ”を見つけたような、日常の中で思わずニヤリとしてしまう看板風景をお楽しみください。

おもしろイラスト看板

イラスト入りの看板には愛があります。文字だけでは伝えきれない想いが絵に込められています。浮世絵風なのに「パリットマン」、ウフフアハハと吹き出しを入れたくなる親子の絵、〝バック、シャン〟の表現に背筋が伸びるストレッチングボード、何かたくらんでる3人の乾杯、ドバドバ出てくるコーヒー、自信満々のたたみキャラ、インパクトありすぎるちえぞう君。描かれているキャラクターたちが幸せそうなのは、きっとそういうことなのです。

タバコ・ゴミ等の
ポイ捨て禁止

パリットマン

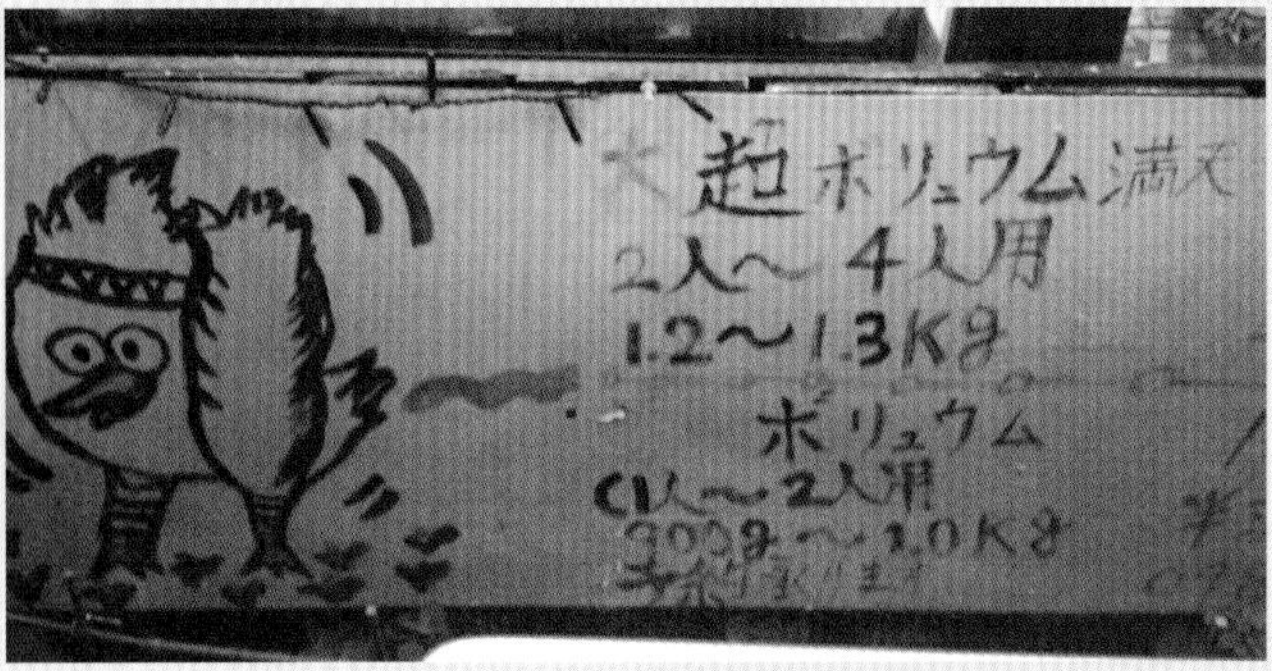
超ボリューム
2人〜4人用
1.2〜1.3Kg
ボリューム

百日・誕生祝・ご予約受付中です！

仲間と楽しく
気分もリフレッシュ……
カラオケ ハウ

ストレッチングボード
アキレス腱を伸ばすと筋柔らかに
血行よくなり腰痛・肩コリをも緩和し
背すじ伸び"バック、シャン"とします
円〜
効果いろいろ 木製・角度固定・3段調整型

ヘアー

ちえぞう君がくる広場
移動図書館
ちえぞう君
知恵蔵
沖縄市立図書館
☎932-6881

仕事に自信がありま
•一 般 畳
•琉 球 畳
•花畳・花琉
•カ ラ ー
•洋 間 用
•ユニット畳（花
•さわやか健康

マイクの持ち方にクセのあるカラオケ店が誘っているよ。韻を踏むダジャレ看板。「ン」が「ソ」に入れ替わる。手書きと言葉選びに味わいがありすぎる生徒の標語看板も名作揃いです。声に出して読むとじわじわくる「デッカー移動スル」。

子をあげる小さいけれど
ここにいる
駐車禁止

あたしンち水曜日。あんたんチは?
ノーテレビデー・ノーゲームデー
あげな中ブロック学力向上推進委員会

警告
駐車禁止
違反車デッカー移動スル
通り会

公民館ちゃーしちゅくゐが
んなぬじんぶんし

やさしさはみんなを
つなぐ宝物
古堅南小
読P連
深夜はいかいまーかいへーく
やーんかい
古堅南小
読P連
ラインより口で話そう
気持ちをね
古堅南小
読P連

手書きの味わい

果たして下書きは存在していたのか、とにかく勢いがありすぎる手書き看板たち。謎の「まこす」、ドアに書かれた「小鳥店」。エレガントな女性とやどかりの並びが絶妙なネーミング「あまん」、停めるのに勇気がいる「ジョージクルーニー専用」。職員室に呼び出しされた気分になる「校長屋」、マボーウオジイの自己紹介になっているコインランドリー。

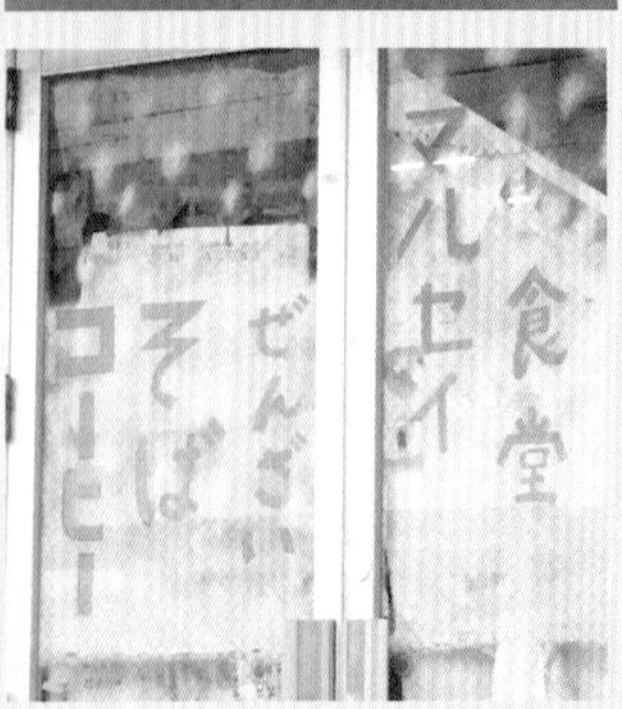

ワールドハイツヨギ

ギョーザジョーグヮ
ギョーザ
生ギョーザ
ギョーザサンド

校長屋

(乾燥機相談可)
安いコインランドリーめざします
マボーウオジイです

地図看板

地図にちなんだ直書き看板をご紹介。沖縄商工会議所にある沖縄市のイラストマップ。かなり年季が入って消えかけている部分もありますが、ライカムのあたりがゴルフ場だった名残がイラストで残っています。宮古島のスナック看板は池間島と来間島に橋がかかっていない頃に描かれたのでしょうか。（しかし肝心な伊良部島はどこへ…）栄町の繁華街の地図を見ると、飲食店のお店の名前が興味深くてじっくり見入ってしまいますね。

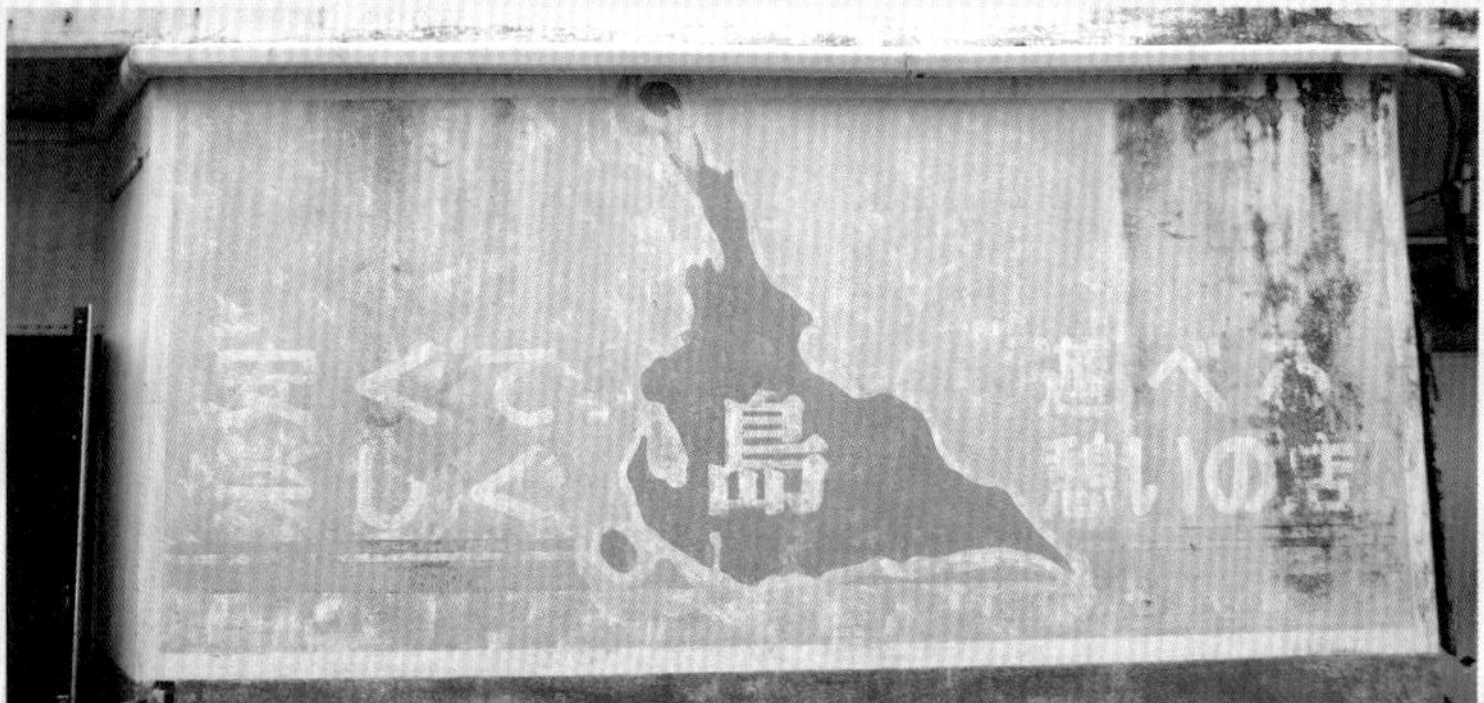

医療法人陽心会 大道中央病
栄町社交飲食業組合
栄町社交通り会皆様
高良駐車場
外間家庭金物店
住宅街
栄町市場
ときの
あかばなー
新崎酒店
サンマリアビル
艶子
コンビ
住宅街
みやび
Maioli
Ki-Ki
クリスタル
沖縄伝統音楽教室
ジャンブル
招福旅館
美人館
富士旅館
居酒屋おふくろ
山羊料理まるまん
がんじゅう
居酒屋美ら島

スナック看板の魅力

めくるめくスナック看板の世界へようこそ。子供の頃「スナック」という響きがなんだか美味しそうだなと思っていたことはさておき、大人になってもほとんど訪れる機会もないままその佇まいと看板のデザインを楽しませてもらっています。なぜこの店名にしたんだろう…？と、妄想力が広がる素敵なネーミングばかり。当て字看板には夢があり、スタッフ募集の年齢の幅広さにもポジティブなたくましさを感じます。人も名前も魅力的なスナック看板が、今宵も灯りをともしています。

ルナ

クリスタル
Crystal

2F
カラオケランド
島楽今日
しまらっきょう

スナック喫茶
サークル
サークル

おいで
大衆酒場
マルエイホール

年金族
フレンド

飲食店
マーネーちゃん

カラオケ
のみとも

スナック
恋の予感

カラオケステーション
ひばり

郷土料理
カラオケ
いそこ
2F
カラオケ
ピンダ
たらま

カラオケ
まいばま

飲・食・歌
居酒屋
お!BAR

ヒロ子
さんち

こないBAR?

ふーちばー
じゅーしー
おでん
想い出PART 2

スナック
酔仙
☎73-4 68

熱キャバ
美酒乱
みしゅらん
OCEANUS
K2

小料理 & スナック
すずらん

真子
森山
スナック
聖子

昼間のスナック街を歩いてみると、当たり前ですがひっそりとしていて出会ったのは猫だけでした。「開店までまだ早すぎるよ」と言わんばかりに（妄想）目の前を通り過ぎていきました。その背後の建物、タイル壁面に金色の立体文字で「熟キャバ美酒乱」の店名が。嗚呼、そのドアの向こうを見てみたい。願いが叶うならば、いつかの夜にまた出直してきます。

MAXY
MAXY

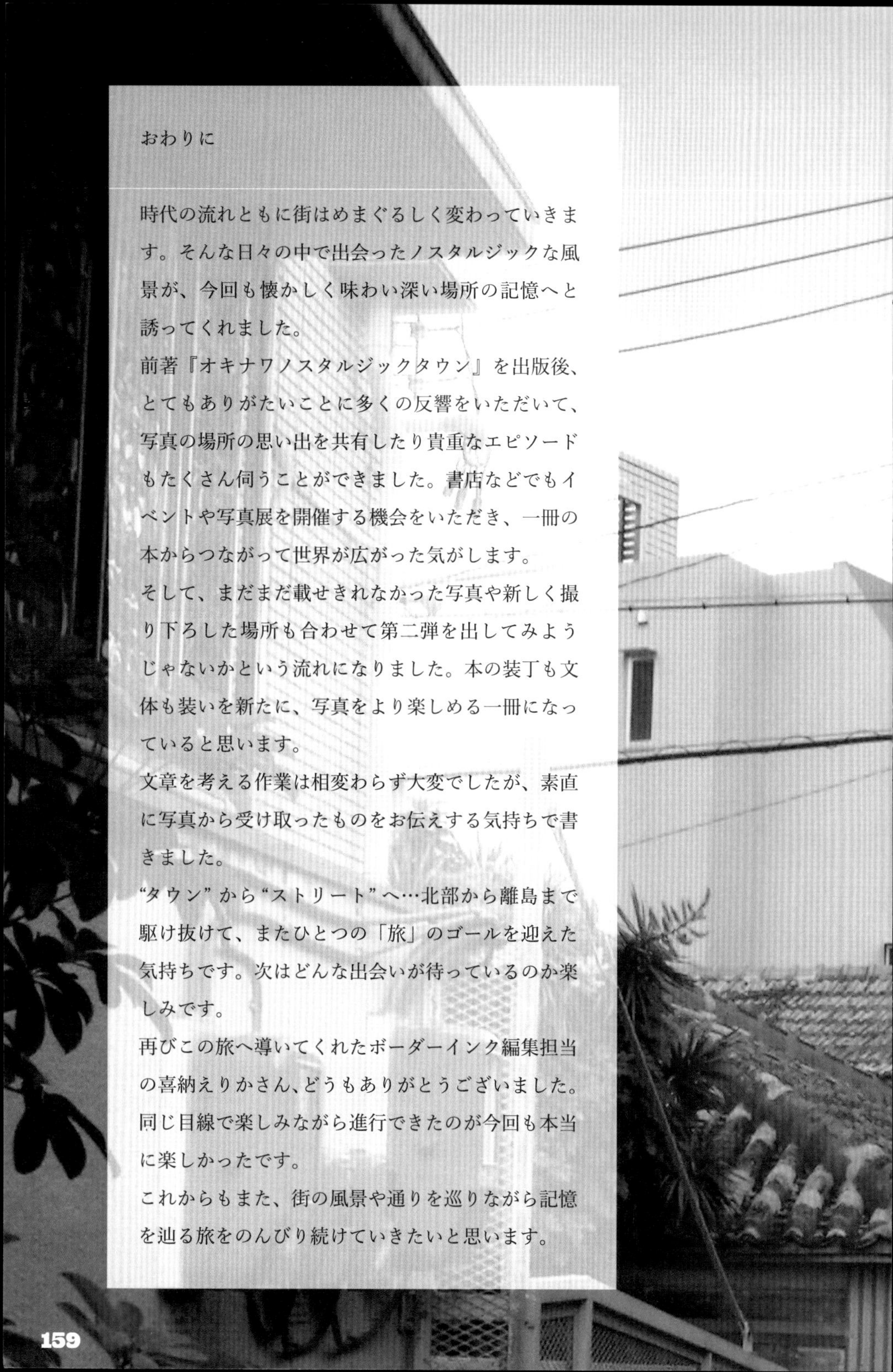

おわりに

時代の流れともに街はめまぐるしく変わっていきます。そんな日々の中で出会ったノスタルジックな風景が、今回も懐かしく味わい深い場所の記憶へと誘ってくれました。

前著『オキナワノスタルジックタウン』を出版後、とてもありがたいことに多くの反響をいただいて、写真の場所の思い出を共有したり貴重なエピソードもたくさん伺うことができました。書店などでもイベントや写真展を開催する機会をいただき、一冊の本からつながって世界が広がった気がします。

そして、まだまだ載せきれなかった写真や新しく撮り下ろした場所も合わせて第二弾を出してみようじゃないかという流れになりました。本の装丁も文体も装いを新たに、写真をより楽しめる一冊になっていると思います。

文章を考える作業は相変わらず大変でしたが、素直に写真から受け取ったものをお伝えする気持ちで書きました。

“タウン”から“ストリート”へ…北部から離島まで駆け抜けて、またひとつの「旅」のゴールを迎えた気持ちです。次はどんな出会いが待っているのか楽しみです。

再びこの旅へ導いてくれたボーダーインク編集担当の喜納えりかさん、どうもありがとうございました。同じ目線で楽しみながら進行できたのが今回も本当に楽しかったです。

これからもまた、街の風景や通りを巡りながら記憶を辿る旅をのんびり続けていきたいと思います。

著者略歴

ぎすじ みち

1973年那覇市生まれ。本職はデザイナー。高校時代に雑誌宝島の連載「VOW」に影響を受け、街の面白風景を趣味で撮り始める。それをきっかけに長い時間を経た建築物や看板の存在感に惹かれていく。フィルムカメラやデジカメを経て、インターネットと携帯電話の普及により、SNSで日々おもしろさを感じる写真を投稿しながら、いつしかライフワークのように味わいのある風景を探し続けている。著書に『オキナワノスタルジックタウン』（ボーダーインク）。

カバーイラスト・本文カット　ぎすじみち

Okinawa Nostalgic Street

オキナワノスタルジックストリート

2023年7月20日　初版第一刷発行

写真・文　ぎすじみち

発行者　池宮紀子
発行所　（有）ボーダーインク
〒902-0076
沖縄県那覇市与儀226-3
tel.098（835）2777
fax.098（835）2840
www:borderink.com/

印刷所　でいご印刷

ISBN978-4-89982-450-3

9784898052341

1920031005005

ISBN978-4-89805-234-1
C0031　¥500E

定価 550 円
（本体500円+税）

客注
書店CD：187280　29
コメント：31

受注日付：241211
受注No：126301
ISBN：9784898052341
1／1
61
ココからはがして下さい

の内容

る討論会

一、高良勉、平良修他）

■若者の参加感想（親川志奈子、佐喜眞淳）

■ゼネストシンポに寄せられた「私の場合」

■ゼネスト関連年表

■激動の時代写真集（提供　国吉和夫）

■資料　タイムス記事

■国連による琉球・沖縄の人々の権利勧告

■沖縄国際人権法研究会の声明

価格 500 円＋消費税

沖縄ゼネスト 50年 実行グループ構成員

松永　　優	染色作家　埼玉県鴻巣在　ゼネスト裁判元被告
高良　　勉	詩人　沖縄大学客員教授
宮城恵美子	元琉球大学教員　沖縄平和市民連絡会共同代表
内海　正三	沖縄国際人権法研究会所属　小緑9条の会世話人
上間かな恵	佐喜眞美術館学芸員
安里　重治	琉球大学写真部出身　元那覇市役所勤務
武石　和実	出版社「榕樹書林」代表

沖縄ゼネスト 50年

ISBN978-4-89805-234-1 C0031　　2021年12月10日発行

作　成　沖縄ゼネスト 50年 実行グループ
発行者　武石　和実
発行所　榕樹書林

〒901-2211　琉球共和国宜野湾市宜野湾3-2-2
TEL　098-893-4076　　FAX　098-893-6708
E-mail　gajumaru@chive.ocn.ne.jp
郵便振替　00170-1-362904

印刷・製本　(有) でいご印刷